Mareike Speck

Praktikum in einer offenen Kinder- und Jugendeinrichtu

C000097160

Mareike Speck

Praktikum in einer offenen Kinder- und Jugendeinrichtung

GRIN Verlag

Bibliografische Information der Deutschen Nationalbibliothek: Die Deutsche Bibliothek
verzeichnet diese Publikation in der Deutschen Nationalbibliografie; detaillierte bibliografische Daten sind im Internet über http://dnb.d-nb.de/ abrufbar.

1. Auflage 2006
Copyright © 2006 GRIN Verlag
http://www.grin.com/
Druck und Bindung: Books on Demand GmbH, Norderstedt Germany
ISBN 978-3-638-69368-4

Universität Essen-Duisburg

Praktikumsbericht

Achtwöchiges Praktikum im Rahmen des Hauptstudiums der Diplom
Erziehungswissenschaften in der Studienrichtung „Interkulturelle Pädagogik"
Absolviert in der OT – X., Kinder- und Jugendeinrichtung des Verbandes
evangelischer Kirchengemeinden in M.
Im Zeitraum vom 15. Februar bis zum 08. April 2005

10. Fachsemester Diplom Erziehungswissenschaften

Inhaltsverzeichnis

1. Darstellung der Institution

1.1 Entstehungsgeschichte

Die OT – X. ist eine Kinder- und Jugendeinrichtung des Verbandes evangelischer Kirchengemeinden in M.. Sie wurde 1981 gegründet und befand sich bis 1986 in den Räumlichkeiten der so genannten „Schwarzen Schule", bis sie schließlich in die Räumlichkeiten der „R-Schule", Am T. 21 umzog, wo sie auch heute noch zu finden ist. Die OT – X. ist aus der Gemeindearbeit der Gnadenkirche hervorgegangen, in welcher der Umfang an Kinder- und Jugendarbeit stetig zugenommen hatte. Der Verband erachtete es somit als sinnvoll, in diesem Stadtteil ein Verbandsjugendhaus einzurichten.

1.2 Zielsetzungen

Die evangelische Jugendarbeit lebt heute in der Spannung zwischen geistlich-spirituellen Formen auf der einen Seite und diakonischen Aufgaben auf der anderen Seite, die kaum mehr von Angeboten anderer sozialer Träger unterscheidbar sind. Hier kann die Einrichtung nur dem Auftrag evangelischer Jugendarbeit gerecht werden, wenn beide Aufgaben wahrgenommen und erfüllt werden.

Die OT - X. hat den Anspruch im Stadtteil ein anerkannter Treff für Menschen verschiedener Altersstufen zu sein, adäquate Kinder – und Jugendarbeit zu leisten und eine persönliche X.art zu entwickeln, welche sie von anderen Einrichtungen unterscheidet. Außerdem versucht sie im Rahmen von Kooperationen die Vielfalt und Qualität ihrer pädagogischen Arbeit zu steigern.

In dem Konzeptentwurf der OT findet man neben dem oben beschriebenen Selbstverständnis der Einrichtung auch die Beschreibung einer möglichen Produktpalette. Dort beschreibt die Hauptamtliche ihre Idee zu einer neuen Klientelerschließung wie folgt: Um in der Vielfalt der verschiedenen Angebote effektiv und effizient arbeiten zu können, müssen zielgruppenorientierte, qualitativ hochwertige Produkte geschaffen werden. Aus der Erfahrung der laufenden Arbeit und der Analyse des Sozialraumes ist für die hauptamtlichen Mitarbeiter ersichtlich geworden, dass Cliquenorientierung und Milieuarbeit als konzeptionelles Grundelement dienen müssen. Die Grundidee ist, für Cliquen Räume zur Verfügung zu stellen, die die Funktion von Rückzugsmöglichkeiten haben, gleichzeitig aber mit der Hilfe der Pädagogen Ausgangspunkte für soziales Lernen und die Erweiterung des Horizonts der Jugendlichen sein sollen. Der

Jugendbereich und hier vor allem der offene Treff werden hauptsächlich von muslimischen jungen Männern im Alter von 20 bis 25 Jahren besucht, die aus dem gesamten Stadtgebiet und den Nachbarstädten kommen. Für sie ist die OT nichts anderes als eine kostengünstige Alternative zu anderen Treffpunkten. Versuche inhaltlich oder thematisch zu arbeiten scheitern. Besonders dieser Kreis erschwert die Neuankunft von Jugendlichen im Alter von 14 bis 18 Jahren. Gruppenorientierte Angebote werden fast ausschließlich von ein und derselben Clique besucht, sie nutzt die OT für diesen Zeitraum als Treffpunkt, die Absicht sich gemeinsam mit einer Sache zu beschäftigen steht auch hier im Hintergrund.

Ebenso zwingend notwendig ist das Schaffen von Mutter-Kind-Arbeit und Jugendbildungsangeboten. Während die Arbeit mit Mutter-Kind-Gruppen als Grundlage dafür dienen kann schon in sehr jungen Jahren mit möglichen Adressaten der Einrichtung in Kontakt zu kommen, ist das Angebot von Jugendbildung ein Resultat aus der derzeitigen Situation von Kindern und Jugendlichen und als zusätzliche Hilfe und Vorbereitung auf das Erwachsenenleben zu sehen.

Es wird sehr viel Wert auf Zusammenarbeit mit anderen Institutionen gelegt, dabei wird der Schwerpunkt auf Einrichtungen des gleichen Trägers gesetzt. So werden beispielsweise in Zusammenarbeit mit der OT B. und der OT V. gemeinsame Mitarbeiterschulungswochenenden für Ehrenamtliche und Honorarkräfte durchgeführt. Doch auch mit anderen Einrichtungen werden bestimmte Events oder Projekte organisiert. Es findet zudem eine Kooperation mit Schulen und der Gemeinde statt.

1.3 Rahmenbedingungen

Der Träger der Einrichtung ist wie bereits oben genannt der Verband evangelischer Kirchengemeinden in M., die OT ist somit eine Verbandseinrichtung und keiner Gemeinde offiziell zugehörig. Ihr Auftrag ist es eine sinnvolle, bedarfsgerechte, kirchlich geprägte Freizeitgestaltung für Kinder und Jugendliche im Alter von 6 bis 18 Jahren anzubieten. Die Freizeitgestaltung in der Einrichtung orientiert sich an den Begriffen der Offenheit und der Kommstruktur, d.h. die Kinder- und Jugendeinrichtung ist für jeden zugänglich, die Besucher kommen freiwillig und können in den gruppenorientierten Angeboten frei entscheiden, wann sie kommen und gehen. Die OT versteht sich

weiterhin als Beratungsstelle für Kriegsdienstverweigerer, in der professionelle Beratung stattfindet.

Die OT X. besitzt keine offizielle Leitung. Alle Aufgaben, Rechte und Pflichten sind zwischen den beiden pädagogischen Fachkräften verteilt, es handelt sich also um eine doppelte Leitung. Es gibt eine männliche Kraft (57 Jahre, Diplom Sozialarbeiter und Gemeindepädagoge) mit 38,5 Stunden und eine weibliche Kraft (28 Jahre, Diplom Sozialpädagogin) mit 19,25 Stunden wöchentlich. Die Arbeitsbereiche der beiden Hauptamtlichen sind klar voneinander getrennt. Herr S. ist für den Jugendbereich, d.h. den Offenen Treff und die Mädchengruppe, die Beratung der Kriegsdienstverweigerer sowie die Veranstaltungsreihe „Comedy im Saal" zuständig. Außerdem bereitet er eine Gruppe Jugendlicher auf ihre Konfirmation vor, dabei arbeitet er mit mehreren evangelischen Pfarrern zusammen. Frau J.s Aufgabenfeld gliedert sich in den Kinderbereich, der zwei regelmäßige Kindergruppen sowie die Kinder-Kreativ-Workshops beinhaltet, und die Veranstaltung von Konzerten in der Reihe „Church of Rock". Zudem organisiert sie Sonderveranstaltungen wie die Weihnachtswerkstatt für Kinder oder den Kinderkleider- und Trödelmarkt.

Zusätzlich sind der Einrichtung eine Raumpflegerin (8 Stunden), ein Hausmeister (6 Stunden), ein Zivildienstleistender (10 Monate im Jahr) und abhängig von der Projektfinanzierung eine ABM oder Jugend in sozialen Diensten (7 Monate im Jahr) zur Verfügung gestellt. Außerdem steht der OT ein Honorarstunden-kontingent von 20 Stunden monatlich zur freien Verfügung.

Die Institution ist im Kern des Stadtteils angesiedelt, sie ist von allen Punkten des Stadtteils aus innerhalb kürzester Zeit zu erreichen. In direkter Nachbarschaft liegt eine Grundschule, die täglich die Räumlichkeiten der OT zur Ganztagsbetreuung von Schulkindern nutzt. Die zugehörige evangelische Kirchengemeinde, die Gnadenkirche, liegt etwa in 200 m Entfernung.

Die Räumlichkeiten der Einrichtung verteilen sich auf drei Ebenen. Im unteren Bereich befinden sich der Tischtennisraum, der Fernsehraum, das Café mit eingebauter Küche, sanitäre Anlagen, sowie vier Abstellräume und ein Putzmittel-raum. Die zweite Etage beherbergt die zwei Büroräume der hauptamtlichen Mitarbeiter, den Konfirmandenunterrichtsraum, die Küche, den Kinderraum, sanitäre Anlagen, sowie den ehemaligen Fitnessraum, der mittlerweile als Probe-raum für eine integrative Band und eine Hardcoreband dient, die dort

unentgeltlich proben können. Im Dachgeschoss befindet sich ein weiterer Abstellraum, welcher als Vorratslager für die verschiedenen Bastelmaterialien dient, sowie ein großer Dachboden auf momentan ungenutzte Güter ihren Platz finden. Die OT X. besitzt folgende Inventargüter: drei Tischtennisplatten, einen Billardtisch, zwei Kickertische, zwei Computer mit Internetanschluss, einen Fernseher, eine Playstation, eine Videokamera, einen Videorecorder, zwei DVD-Player, zwei CD-Player, ein Mischpult, eine komplette PA, zwei Bühnen, eine Kompaktanlage, zwei vollständig ausgestattete Küchen sowie diverse Gesellschaftsspiele.

1.4 Sozialraum

Der Sozialraum eines Stadtteils bestimmt im großen Maße die Konzeption der jeweiligen Kinder- und Jugendeinrichtung. Die demographischen Daten sowie die jugendbezogene Infrastruktur sind bei der pädagogischen Handlungsweise und der Wahl der Angebote der offenen Kinder- und Jugendarbeit zu berücksichtigen, damit individuell auf die Bedürfnisse der Zielgruppe eingegangen werden kann.

Der Stadtteil ist der sechstgrößte im Stadtgebiet M.. Auf 5,12 km² leben 13515 Menschen, was einer Bevölkerungsdichte von 2640 Einwohnern je Quadratkilometer entspricht. Im Vergleich zur städtischen Einwohnerdichte von 1204 Einwohner pro km² liegt der Stadtteil X. weit über dem Durchschnitt, belegt jedoch im Vergleich zu anderen Stadtteilen einen Platz im Mittelfeld.

1326 Einwohner sind zwischen 0 und 9 Jahren und 1918 Einwohner zwischen 10 und 21 Jahren alt. Der Anteil der ausländischen Einwohner liegt bei 7,6 %.

Im Stadtteil empfangen 455 Personen Sozialhilfe, dies entspricht einem Gesamtanteil von 3,36%. Im Vergleich dazu beträgt der Sozialhilfeempfängeranteil im gesamten Stadtgebiet 3,3%, demnach liegt der Anteil nur minimal über dem Stadtdurchschnitt.

Den Jugendlichen im Stadtteil bieten sich kaum nicht kommerzielle Freizeitangebote in der näheren Umgebung. Während es für Kinder in der unmittelbaren Nähe verschiedene Möglichkeiten zur aktiven Freizeitgestaltung gibt, ist neben „P." die OT eine der wenigen möglichen Treffpunkte zur Befriedigung der Freizeitbedürfnisse. Für die Förderung der sportlichen Interessen stehen den Jugendlichen die Bezirkssportanlage mit angeschlossenen Billiard-leistungszentrum und ein Bolzplatz zur Verfügung.

Die verschiedenen Schulformen, die im Stadtteil angesiedelt sind, reichen von drei Grundschulen über eine Gesamtschule bis hin zu einer Hauptschule, somit ist die Möglichkeit gegeben, auch im weiteren Bildungsverlauf im Stadtteil zu bleiben.

Neben diesen öffentlichen Freizeit- und Bildungsangeboten im Stadtteil gibt es natürlich die Möglichkeit sich auf informelle Art und Weise, z.B. auf Schulhöfen, an Bushaltestellen oder Freiflächen, zu treffen. Hier sind es besonders die Schulhöfe, die von den Jugendlichen als Treffpunkt genutzt werden.

2. Grundlagen der offenen Kinder- und Jugendarbeit

Den Konzeptionen der verschiedenen offenen Kinder- und Jugendeinrichtungen, die unterschiedlichen Verbänden oder Trägern zugehörig sind, liegt ein gemeinsames Grundverständnis zugrunde. In erster Linie verbindet sie das gemeinsame Prinzip der Offenheit, d.h. offen zu sein für jeden ohne Rücksicht auf Mitgliedschaftserklärungen, Übernahme von Wertorientierungen, Zugehörigkeit zu sozialen Milieus oder ähnlichem (vgl. Münchmeier, 1998, 15). Es sollen keine Unterschiede gemacht werden. Die Gesamtheit der jungen Generation soll Zugang zu den Angeboten der Einrichtungen haben.

Es gibt also eine Kommstruktur, das Jugendhaus soll allen offen stehen, ohne Bedingungen. Das Prinzip der Offenheit erfordert flexible Öffnungszeiten, zum einem am Nachmittag um die Schüler abzudecken, zum anderen auch am Abend und am Wochenende um den Jungarbeitern die Möglichkeit zu eröffnen die Einrichtung zu nutzen. Ein weiterer Aspekt, der bei der Konzeption berücksichtigt werden muss, ist die Programmvielfalt und damit die Ausrichtung auf verschiedene Zielgruppen: Mädchen, Jungen, Schüler, Arbeitslose etc. um den verschiedenen Lebenssituationen gerecht zu werden.

Das Programm sollte weltanschaulich ungebunden sein und Offenheit für verschiedene Standpunkte und Meinungen bieten. Die Arbeitsformen müssen variabel sein und nicht nur Denken und sprachliche Fertigkeiten ansprechen sondern auch handwerkliche Fähigkeiten, Spontaneität, musikalische und körperliche Ausdrucksmöglichkeiten. Eine logische Konsequenz daraus ist, dass ein ausreichendes Raumangebot verfügbar sein sollte.

Das Prinzip Offenheit lässt sich erweitern, indem Ressourcen für die alltägliche Lebensbewältigung zugänglich gemacht werden, Orientierungs- und

7

Bewältigungsfragen eingebracht werden können sowie Zugänge zu sozialen Räumen vermittelt werden (vgl. Münchmeier, 1998, 23)

Die Umsetzung des Konzeptes der vollständigen Offenheit, erweist sich in der Praxis doch als problematisch, so spricht man mit einem Angebot meist eine bestimmte Zielgruppe an. Eine Zielgruppenorientierung bleibt bei der Planung des Konzeptes nicht aus. Jugendliche, die im ländlichen Bereich leben haben andere Bedürfnisse als Jugendliche und Kinder die im urbanen Umfeld aufwachsen.

Somit kann der Anspruch der Pädagogen nur sein, ein möglichst breites Spektrum zu bieten, um ein Angebot zu haben, welches der Situation und den Bedürfnissen der Jugendlichen und Kinder entspricht und zugleich pädagogisch vertretbar ist. Auf der anderen Seite müssen die Mitarbeiter auch bestimmte Standards und Erwartungen erfüllen, die von außen, d.h. von Seiten des Trägers, an sie heran getragen werden. Sie handeln trotz aller Offenheit, ob bewusst oder unbewusst also innerhalb dieses Spannungsfeldes (vgl. Eichner, 1998, 66).

Freizeitaktivitäten von Kindern und Jugendlichen lassen sich in institutionalisierte und freie Aktivitäten unterscheiden. Die offene Kinder- und Jugendarbeit hat eine Zwischenstellung zwischen diesen beiden Formen. Die Einrichtungen und ihre Ressourcen können aufgrund des offenen Treffpunktcharakters zum einen zum freien Spiel und zur Geselligkeit genutzt werden, also für nicht zielgerichtete Freizeitinteressen. Zum anderen gibt es dort das Angebot der vorstrukturierten Gruppenaktivitäten, Projekte, Workshops. Sie ähneln institutionalisierten Angeboten, da sie größtenteils durchorganisiert sind. Sie sind jedoch häufig flexibel und lassen Raum für die Ideen und Bedürfnisse der Heranwachsenden (vgl. Fromme, 1998, 131). Zudem verfügen Jugendeinrichtungen über bestimmte Materialien wie Tischtennisplatten, Kicker- oder Billardtische. Dort findet man Kontakt zu Gleichaltrigen, mit denen man spielen und sich austauschen kann. Dieser Aspekt scheint für Kinder und Jugendliche von besonderer Wichtigkeit zu sein (ebd., 132).

Die Aufgabe der offenen Jugendarbeit besteht mitunter darin den Kindern und Jugendlichen Freiräume zu lassen und sie gleichzeitig in ihrer Entwicklung zu fördern. Daher kann man sich weder darauf beschränken die Raumwärterfunktion zu übernehmen, noch den Anspruch haben die Freizeit der Heranwachsenden völlig durchzustrukturieren. Es muss Freiraum für selbstbestimmte Aktivitäten

gelassen werden, aber auch Anregung für neue Erfahrungen aufkommen
(Fromme, 1998, 134)

Im Kinder- und Jugendhilfegesetz heißt es in § 11:

**„Jungen Menschen sind die zur Förderung ihrer Entwicklung
erforderlichen Angebote der Jugendarbeit zur Verfügung zu stellen.
Sie sollen an den Interessen junger Menschen anknüpfen und von
ihnen mitbestimmt und mitgestaltet werden, sie zur Selbstbestimmung
befähigen und zu gesellschaftlicher Mitverantwortung und zu sozialem
Engagement anregen und hinführen." (Binschus u.a., 2003, 131)**

Dieses Zitat verdeutlicht unter anderem welche Ziele Jugendarbeit verfolgen soll.
Es geht darum junge Menschen bei ihrer Entwicklung zu einer X.verantwortlichen
und gemeinschaftsfähigen Persönlichkeit zu unterstützen. Offene Kinder- und
Jugendarbeit hat daher die Funktion soziale Beziehungen zwischen jungen
Menschen und auch zwischen verschiedenen Generationen herzustellen und
Räume der Kommunikation zur Verfügung zu stellen, in denen Menschen
inhaltlich bedeutsame, intensive und dauerhafte Beziehungen pflegen und
aufbauen können (vgl. Boristowski, 1998,140).

In Institutionen für Kinder- und Jugendliche treffen junge Menschen
unterschiedlichster Altersgruppen, verschiedener Nationen und differenter sozialer
Herkunft aufeinander. Dieses Zusammentreffen kann zu Konflikten und
Spannungen führen. Der richtige Umgang mit derartigen Auseinandersetzungen
ist wiederum die Aufgabe der offenen Kinder- und Jugendarbeit. In dem Bereich
der Persönlichkeits- und Beziehungsentwicklung übernimmt sie fünf
verschiedene Funktionen.

1. Die prophylaktische Funktion

Die MitarbeiterInnen haben die Aufgabe die Kinder und Jugendlichen
dahingehend zu fördern, dass diese lernen, mit Konflikten umzugehen und Wege
finden damit sie friedlich und gewaltfrei enden.

2. Die soziale Hilfsfunktion

Sie stehen den Heranwachsenden bei Problemen, die die Schule, den Beruf, die
Familie, die Freundschaft betreffen, unterstützend zur Seite und hören aktiv oder
passiv zu.

3. Die Bildungsfunktion

Die Aufgabe der MitarbeiterInnen besteht darin den Kindern und Jugendlichen Fertigkeiten zu vermitteln (vgl. Boristowski, 1998,140). Dies kann auf spielerische Art und Weise erfolgen, da es sich in erster Linie um Freizeiteinrichtungen handelt und die Arbeit nicht durch ein Curriculum bestimmt ist. Die Pädagogen sollen den jungen Menschen außerdem bei der Entwicklung X.er kultureller, politischer, gesellschaftlicher und religiöser Werte und Vorstellungen unterstützend beiseite stehen (ebd.).

4. Die Freizeitfunktion

Ebenso bei der Freizeitgestaltung geht es darum bei den Kindern und Jugendlichen gewisse Kompetenzen in sozialer, emotionaler, kognitiver, kreativer, physischer, handwerklicher oder beruflicher Hinsicht zu fördern.

5. Die Identifikationsfunktion

Die Identifikationsfunktion bezieht sich auf das „[…] **Ermöglichen von Kontakten, Geselligkeit, Gemeinschaftserlebnissen, Jugendkultur u.Ä., wobei eine Konfrontation mit Werten und Idealen stattfindet, die zu entsprechendem Handeln motiviert" (Hubweber zit. Nach Boristowski, 1998, 140)**

Ein weiterer wichtiger Aspekt im Leben der Kinder und Jugendlichen ist die Entwicklung einer X.en Geschlechtidentität, dementsprechend wird auch der Pädagoge damit konfrontiert. Nicht selten kommt es in Einrichtungen zu verbalen oder körperlichen Grenzverletzungen an Mädchen oder es wird in einer Fäkalsprache von Sexualität gesprochen. Die Aufgabe der MitarbeiterInnen besteht unter anderem darin, derartige Vorkommnisse wahrzunehmen und sie mit den Jugendlichen zu thematisieren (vgl. Möller, 1998, 144) Mädchen und Jungen lernen und eignen sich an, was in unserer Gesellschaft bzw. unserer Kultur als typisch männlich bzw. weiblich deklariert ist. So werden nicht nur die zum jeweiligen Geschlecht passenden Verhaltens- und Denkweisen verinnerlicht sondern auch Macht- und Dominanzstrukturen erkannt, die das Geschlechterverhältnis bestimmen (ebd.)

Besonders während der Adoleszenz kommt es zu tief greifenden Veränderungen. Die Jugendlichen erleben eine körperliche Veränderung und nehmen sich im Zuge dieser als sexuelles Wesen wahr. Zum anderen lösen sie sich langsam von ihrem Elternhaus, wählen einen Beruf und müssen sich ihre ökonomische

Selbstständigkeit erarbeiten. Die Kinder und Jugendlichen müssen die innerhalb des Sozialisationsprozesses an sie herangetragenen geschlechtsspezifischen Rollenerwartungen internalisieren und sich gemäß dieser verhalten. Die Aufgabe der Pädagogen besteht nicht ausschließlich in der Vermittlung der Rollenerwartung sondern eben auch in der kritischen Auseinandersetzung mit diesen. Zu berücksichtigen ist bei der Arbeit mit Kindern und Jugendlichen unterschiedlicher Nationalitäten, dass in verschiedenen Kulturen die geschlechtspezifischen Rollenerwartungen stark divergieren können. Daher ist es von enormer Bedeutung, dass die in anderen Kulturkreisen dominierenden Rollenerwartungen nicht abgewertet werden. Dies sollte eher zum Anlass genommen werden verschiedene Rollenerwartungen kritisch zu hinterfragen und zu diskutieren.

Eine wichtige Aufgabe von Pädagogen ist es gemeinsam mit den Jugendlichen Mitbestimmung zu üben, d.h. die gesellschaftliche Beteiligung und die politische Mündigkeit zu fördern. Innerhalb der offenen Kinder- und Jugendarbeit sollen Projekte gefördert werden, an denen sich die Heranwachsenden beteiligen und für ihre Wünsche, Forderungen und Rechte einsetzen können. Damit Kinder und Jugendliche später mündige, durchsetzungsfähige Menschen werden, sollten sie frühzeitig in wichtige Entscheidungen einbezogen werden.

3. Meine Tätigkeiten während des Praktikums

Meine Tätigkeitsfelder während meines Praktikums waren sehr vielseitig, ich hatte die Möglichkeit in sämtliche Arbeitsfelder der Einrichtung einen Einblick zu erhalten. Ich arbeitete sowohl im Jugendbereich als auch im Kinderbereich mit, d.h. im offenen Treff, in der Mädchengruppe, dem Kinderkreativworkshop, dem Konfirmandenunterricht und den Kindergruppen „Wirbelwind" und „Kunterbunt". Zusätzlich erlebte ich die Sonderveranstaltungen wie „Comedy im Saal" und die Konzerte im Rahmen von „Church of Rock" mit, auch hierbei wurde ich in die Vorbereitungen miteinbezogen. Dennoch legte ich meine Schwerpunkte in bestimmten Bereichen, die ich im Folgenden ausführlicher darstellen werde.

3.1 Die Vorbereitung der Kinderferienspiele

Im Vorfeld meines Praktikums traf ich mich mit dem männlichen Hauptamtlichen Gerd S.. In diesem Gespräch ging es darum sich besser kennen zu lernen und

gemeinsam meine Tätigkeitsbereiche während des Praktikums einzukreisen. Dazu stellte ich meine bisherigen praktischen Erfahrungen im pädagogischen Bereich dar, die ich bereits in meiner schriftlichen Bewerbung aufgeführt hatte. Seit meinem 16. Lebensjahr bin ich als Honorarkraft beim Jugendamt der Stadt M. tätig. Im Rahmen dessen wirkte ich bei zahlreichen Ferienspielen mit, arbeitete in der Hausaufgabenhilfe und im offenen Kinder- und Jugendbereich mit. Aufgrund meiner Vorkenntnisse besonders im Hinblick auf den Ablauf und die Organisation von Kinderferienspielen, sollte es eine meiner Hauptaufgaben sein die Osterferienspiele der Einrichtung vorzubereiten und zu planen. Da die Aufgabenfelder der Hauptamtlichen in der OT sich in den Kinder- und den Jugendbereich aufteilen, hatte Herr S. bereits seit einigen Jahren die Organisation der Ferienspiele nicht mehr betreut. Er war froh über tatkräftige Unterstützung und gab mir bei der Planung weitgehend freie Hand.

Wir vereinbarten einen weiteren Termin, bis dahin sollte ich mir überlegen unter welchem Motto die Ferienspiele stehen sollten. Ich entschied mich für das Thema „Weltall" und recherchierte im Internet zu passenden Bastelangeboten, Experimenten und einer Ausflugsmöglichkeit. Bei der Recherche und der Themenwahl war zu berücksichtigen, dass sich die Ferienspiele an Kinder im Alter von 6 bis 10 Jahren richten und nur auf vier Tage begrenzt waren. Zudem entspricht es dem Anspruch der Einrichtung mit einer möglichst kleinen Gruppe von Kindern zu arbeiten, damit nicht nur eine bloße Betreuung der Kinder gewährleistet ist, sondern auch thematisch gearbeitet werden kann. Die Kinderzahl war auf zwanzig Kinder begrenzt, dem stand ein Team aus fünf hauptamtlichen und ehrenamtlichen Betreuern gegenüber. In einer so kleinen Gruppe kann man sehr vielseitig und intensiv arbeiten. Außerdem ermöglicht es den pädagogischen Mitarbeitern, trotz des kurzen Zeitraumes, eine persönliche Bindung zu den Kindern aufzubauen und auf ihre individuellen Bedürfnisse einzugehen.

Bei der Planung von Gruppenaktivitäten im Rahmen von Ferienmaßnahmen sind viele Faktoren zu berücksichtigen:
- die Zusammensetzung der Gruppe, das Alter und die Gruppengröße
- der Entwicklungsstand, die Lebenssituation und die Fähigkeiten der Kinder
- die Zielsetzung der Gruppenarbeit

- die räumlichen Möglichkeiten, die Ausstattung und das bereits vorhandene Material
- die Finanzen, der Etat für Freizeitmittel und bereits vorhandene Material
- die gesetzlichen Grundlagen öffentlicher Erziehung

(vgl. Thiesen/Cornils, 1981, 46)

Die Sorgfältigkeit der Planung eines Gruppenangebotes ist mitentscheidend für die aktive Beteiligung der Gruppenmitglieder. Es muss genügend freier Handlungsraum gelassen werden. Eine zu eng gefasste, wenig flexible Vorbereitung, die keine Alternativen zu beabsichtigtem Vorhaben berücksichtigt wird leicht zum starren Schema. Unter Berücksichtigung der oben genannten Faktoren und der altersspezifischen Bedürfnisse der Kinder müssen zweckmäßige Angebote gemacht und gemeinsam weiterentwickelt werden. (ebd.)

Die altersspezifischen Bedürfnisse der Gruppe der 6 bis 12jährigen, in die unser Klientel einzuordnen, sind folgende:

- Bedürfnis nach Zuwendung und Anleitung
- Freies Spiel
- Sammeln manueller Erfahrungen
- Sich verkleiden und Rollenspiel
- Abenteuer erleben

(vgl. Thiessen/Cornils, 1981, 46)

Die oben genannten Prinzipien wurden von mir in meiner Planung berücksichtigt um optimal auf die Interessen und Bedürfnisse der Kinder einzugehen.

In der Bücherei lieh ich entsprechende Literatur zum Thema „Weltall" aus, die Auswahl bestand aus mehreren Bastelbüchern und Wissensbüchern für Kinder, in denen verschiedene Experimente enthalten waren. Daraus erstellte ich eine Ideensammlung mit zahlreichen Angeboten, um sie Herrn S. zu präsentieren und eine Auswahl zu treffen. Außerdem wählte ich als Tagesausflug das Planetarium in Bochum aus. Dort gibt es besonders in den Ferien spezielle Programme für Kinder verschiedener Altersklassen. Insbesondere für unsere angepeilte Zielgruppe bieten sie „Die Geschichte der kleinen Sonne" an, dort wird den Kindern multimedial die Entstehung des Universums und des Sonnensystems erklärt.

Gemeinsam mit Herrn S. erkor ich Angebote aus die alle Sinnesbereiche der Kinder ansprechen. Die Lernziele, die unserer Planung zu Grunde lagen lassen

13

sich in fünf Bereiche gliedern, die sich in der Praxis sehr häufig überschneiden. Der kognitive Bereich, in dem Zusammenhänge verdeutlicht durch Bücher, Gespräche und Unterhaltung werden. Im emotionalen Bereich sollen die die Kinder durch besondere Erlebnisse mithilfe von Musik, Feste oder spezielle Gruppenerlebnisse stimuliert werden. Im pragmatischen Bereich werden praktische Fertigkeiten gefördert durch Techniken beim Basteln oder Werken. Der imaginative Bereich schult die Vorstellungskraft und Phantasie. Die Kinder sollen ihre X.en Ideen und Einfälle verwirklichen, beispielsweise durch Malen, Gestalten, Rollenspiele oder Verkleidungen. Der soziale Bereich ist ein immer gegenwärtiger in der Kinder- und Jugendarbeit. Dabei sollen soziale Verhaltens-weisen entwickelt und gefördert werden, dazu gehören zum Beispiel Rücksicht-nahme, helfen, verzichten können, Toleranz. Wichtig hierbei ist ein gutes Vorbild-verhalten der Pädagogen. (vgl. Thiesen/Cornils, 1981, 49)

Die ersten drei Tage der Ferienspiele fanden in der Einrichtung statt, am letzten Tag wurde ein Ausflug gemacht. Die Planung ist in der Tabelle dargestellt.

Montag	Dienstag	Mittwoch
- Kennenlern- und Kreisspiele - Experimente oder Geschichte zum Thema Weltraum - Aliengipsmasken	Astronautenhelme aus Pappmache - Weltraummode selbst basteln	- Star Trek-Broschen aus Fimo - Planetenaufsätze für Stifte aus Fimo - Planetenmobilé
Weltraumplätzchen	Muffins	Wackelpudding
Chaos Spiel	Astronautenolympiade	Aliensuchspiel (Wald)

Die Kinder wurden jeden Morgen um 10 Uhr von ihren Eltern gebracht, dann trafen wir uns gemeinsam im Kinderraum. Es sehr wichtig für Kinder, das der Tag mit einem Ritual beginnt. Am ersten Tag hat der Morgenkreis noch die zusätzliche Funktion des sich Kennenlernens, es trifft eine sich noch unter einander nicht bekannte Gruppe von Menschen aufeinander. Man spricht im gruppendynamischen Sinne hierbei von einer Orientierungsphase, diese ist geprägt von Unsicherheit, Distanzwahrung und teilweiser Zurückgezogenheit. Bedingt durch die neue Zusammenstellung einer Gruppe entsteht ein Gefühl der Fremdheit. Die Gruppenmitglieder versuchen sich an die neue Umgebung, die neuen Menschen und die oft ungewohnte plötzliche Nähe zu gewöhnen. Daraus resultieren eventuelle Spannungen oder ein Unwohlsein bzw. ein Gefühl der Unsicherheit bei den Kindern, da sie sich auf eine unbekannte Situation einlassen. Dabei zeigt sich ein recht widersprüchliches Verhalten: Man pendelt zwischen Distanz und Nähe, zwischen Kennen lernen und Abwehrstellung. Jeder versucht, sich von seiner besten Seite zu zX., sich anderen gegenüber so zu verhalten, wie

er gerne gesehen werden möchte und tastet vorsichtig die anderen ab. Kennen sich einige Gruppenmitglieder bereits bilden sich unmittelbar Untergruppen. (vgl. Wikipedia,.2006, 1).

Die Teilnehmer versuchen die Leiter auszutesten, um sie besser einschätzen zu können. Die anderen Gruppenmitglieder werden mit dem bereits vorhandenen Menschenbild abgeglichen und eingeordnet. Oft lässt sich ein starkes Unwohlsein in der Gruppe bemerken. Dieses kann man den Kindern nehmen, indem man ihnen erklärt was sie in den nächsten Tagen erwarten wird (vgl. ebd., 3). In der Orientierungsphase ist das Verhalten sehr abhängig von dem des Leiters. Die Blickwinkel der Gruppenmitglieder sind sehr stark auf den Leiter ausgerichtet. Dies hat sowohl Vor- und Nachteile. Der Leiter sollte direkt bei den Wünschen der Teilnehmer ansetzen. Er sollte Zeit und Hilfen für das Kennen lernen geben (vgl. Wikipedia, 2006, 1).

Eine Vorstellrunde sollte jedem die Möglichkeit geben, sich in der Gruppe zu präsentieren. Die Aufgabenstellung sollte jedoch nicht zu tiefgehend ausfallen, denn durch schwierige und zu private Fragen ergeben sich zu schnell Außenseiterrollen. Komplexere Aufgaben, insbesondere mit einer engen Zusammenarbeit verbundene sollten auf einen späteren Zeitpunkt verschoben werden. Die Gruppe ist noch nicht bereit zu kooperieren. Mithilfe von Kennen lern- bzw. Kreisspielen lockert man die Stimmung und es lernen sich alle spielerisch etwas besser kennen. Es entsteht ein erstes Zusammengehörigkeits-gefühl als Gruppe und Freundschaften werden geschlossen (vgl. ebd.). Der Gruppenleiter sollte sein X.es Verhalten beachten um unter anderem der Bildung von Außenseiterrollen vorzubeugen. Er sollte möglichst Interesse an jedem einzelnen Teilnehmer zX.. Die Pädagogen können in dieser Situation die Kinder sehr gut beobachten und erste Schlüsse auf die Persönlichkeit der einzelnen Kinder ziehen. Es wird schnell deutlich, welches Kind sich sehr in den Vordergrund drängt, Mängel im sozialen Verhalten zeigt und eventuell in den nächsten Tagen etwas gebremst werden muss. Aber auch Kinder, die sehr zurückhaltend und schüchtern sind, fallen auf. Sie kann man fördern indem man ihr Selbstbewusstsein stärkt, durch gezieltes Lob oder spezielle selbstständige Aufgaben. Es besteht allerdings die Gefahr, dass bei der Einordnung der Anderen Vorurteile überwiegen. Um dieser entgegen zu wirken ist regelmäßige Selbstreflexion, aber auch Supervision mit den anderen Mitarbeitern unerlässlich,

um sein pädagogisches Handeln immer wieder zu prüfen (vgl. Wikipedia, 2006, 4).

Selbstverständlich ist der Zeitrahmen von vier Tagen, viel zu kurz um allen anderen bereits verfestigten Einflüssen negativer Art entgegenzuwirken, aber es ist ein Anfang.

Die vorbereiteten Kreisspiele sind modifiziert worden, damit sie sich in unser Konzept der „Reise zu den Sternen" einfügen. Die Kinder bekommen dadurch direkt einen Bezug zum Thema und können sich in eine völlig neue Welt fallen lassen.

Die Tagesplanung der Ferienspiele wurde von mir bewusst in drei Blöcke einteilt, den kreativen Bereich, den „hauswirtschaftlichen" Bereich und den sportlich-aktiven Bereich. Die Kinder haben zu verschiedenen Tageszeiten verschiedene Bedürfnisse, ihre Konzentration lässt im Laufe des Tages langsam nach.

Die Angebote im kreativen Bereich sollten am Morgen stattfinden. Da viele Kinder noch etwas müde sind und bevorzugen sie einen langsamen Start in den Tag. Dennoch ist die Konzentration und Motivation der Kinder zu dieser Tageszeit sehr groß. Sie wollen selbst etwas erschaffen, das sie am Nachmittag stolz ihren Eltern präsentieren können. Die Bastelangebote wurden sehr vielseitig zusammengestellt, so konnten die Kinder verschiedene Fertigkeiten erwerben oder ausbauen und mit verschiedenen Materialien arbeiten. Außerdem waren die Bastelangebote nicht soweit vorgefertigt, dass sie den Kindern keinen Freiraum für ihre Fantasie lassen. Sie sollten vielmehr X.e Ideen einbringen und somit kleine individuelle Kunstwerke kreieren. Gleichzeitig konnten sie beispielsweise beim Bau des Planetenmobiles Wissen über unser Sonnensystem erwerben oder ihr bereits vorhandenes Wissen unter Beweis stellen. Dadurch wurde auch der kognitive Bereich angesprochen. Die Kinder sollten frei entscheiden können welche Bastel- oder Kochangebote sie wahrnehmen wollen, die Angebote finden räumlich getrennt statt. Gleichzeitig haben sie die Möglichkeit in den Kinderraum auszuweichen um Gesellschaftsspiele oder ähnliches zu machen.

Um 13 Uhr war Mittagszeit, die Bastelangebote wurden beendet und wir räumten gemeinsam mit den Kindern auf. Dann gingen wir in die Küche um Mittag zu essen. Im Anschluss daran trafen wir uns wieder im Kinderraum um den Kindern zu erklären, was im Nachmittagsbereich auf sie wartete. Je nach Struktur des Bewegungsspiels wurden die Spielregeln erklärt und Gruppen eingeteilt. Wenn es

das Wetter erlaubte gingen wir nach draußen, damit die Kinder sich richtig austoben konnten. Auch bei der Wahl und Vorbereitung der Spielaktionen, hatte ich darauf geachtet, dass sie zum Thema passten und sie dahingehend modifiziert. Sie sollten nicht ausschließlich den Bewegungsdrang der Kinder stillen sondern auch die kognitiven Fähigkeiten fördern. Zudem erfolgte durch eine Einteilung in Kleingruppen eine weitere Annäherung der einzelnen Teilnehmer, indem ein gemeinsames Ziel erreicht werden sollte. Die Kinder mussten zusammenarbeiten um ein Erfolgserlebnis zu haben, welches sie enger zusammenschweißte. Teamspiele oder Wettkämpfe sind förderlich für die Gruppendynamik.

Am Ende eines jeden Tages sollte der Abschlusskreis stehen, dort hat man noch einmal die Möglichkeit den Tag Revue passieren zu lassen, sich mit der gesamten Gruppe zu sammeln und sich zu verabschieden. So entstand für die Kinder ein fester Tagesplan an dem sie sich orientieren konnten, diese Ritualisierung fester Strukturen hilft den Kindern sich zu orientieren und gibt ihnen das Gefühl etwas Vertrauten und von Sicherheit.

Nachdem ich mich mit dem Hauptamtlichen auf eben vorgestelltes Programm und die Rahmenbedingungen geeinigt hatte, erstellte ich einen Flyer der zum einen in dem Kindergruppen- und Workshopverteiler verschickt werden zum anderen in der OT ausgeteilt werden sollte.

Mein nächster Arbeitsschritt war die benötigten Bastelmaterialien zu bestellen, dazu machte ich zunächst eine Zusammenstellung derer Dinge, die benötigt werden würden. Dann sah ich im Lagerbestand der OT nach welche Materialien noch vorhanden waren und legte sie zur Seite. Nun musste ich für die noch fehlenden Dinge in Katalogen und Geschäften Preise vergleichen, da uns nur ein begrenztes Budget zur Verfügung stand. Für das Basteln der Weltraummode besorgte ich in einem Lager verschiedenen Verpackungsmaterealien, aus denen die Kinder sich ihre X.e Haute Couture kreieren können.

Da die Kinder auch mit uns Mittagessen sollten, musste noch geklärt werden, ob wir wie gewohnt das Essen selbst kochen würden oder so genanntes „Essen auf Rädern" bestellen sollten. Da das Angebot der GABS im Vergleich zu dem Aufwand, den das Kochen einer ausgewogenen Mahlzeit machen würde, vergleichsweise günstig war, entschieden wir uns für die Bestellung. Wir bekamen ein Angebot zugesandt und ich konnte zwischen zwei verschiedenen

Menüs wählen. Es sollte sowohl Essen sein, dass die meisten Kinder gerne essen als auch eine gesunde Mahlzeit.

Im Planetarium Bochum buchte ich telefonisch die Vorführung „Die Geschichte der kleinen Sonne", nachdem ich vorher ein pädagogisches Programm des Planetariums zu gesandt bekommen hatte.

Der Großteil für die Ferienspiele war somit vorbereitet, ein logistisches Problem sollte allerdings unser Tagesausflug nach Bochum darstellen, da die Bus- und Zugverbindungen nach Bochum schlecht sind, vor allem wenn man mit etwa 25 Kindern im Alter von sechs bis zehn Jahren unterwegs ist. Eine Alternative war nur die Anmietung eines Reisebusses. Leider ist dies sehr teuer und es kostete viel Mühe und Verhandlungsgeschick ein adäquates Angebot zu finden.

In einer Teamsitzung mit allen Mitarbeitern, die während der Ferienspiele aktiv beteiligt sein sollten, stellte ich das Programm und meine Vorstellungen vor und wir verteilten die Verantwortlichkeiten untereinander. So sollten Ahmet und Martin einige Experimente vorbereiten, Diana die Astronautenolympiade planen, Gerd sich einige Spiele für die Stuhlkreise überlegen und ich für das Chaosspiel Fragen- und Aufgabenkarten sowie ein Spielbrett anfertigen. Außerdem stellte ich für jedes Bastelangebot ein Anschauungsstück her, um zum einen eventuelle Schwierigkeiten zu erkennen, die Kinder haben könnten, zum anderen damit die Kinder und die anderen Betreuer sich eine bessere Vorstellung davon machen konnten, was sie basteln sollten.

Der letzte Schritt kurz vor Beginn der Ferienspiele war, die lokale Presse einzuladen um unsere Einrichtung und Arbeit in der Zeitung vorzustellen, damit andere Leute darauf aufmerksam werden und wir somit weiteres Klientel erschließen können. Ich bereitete einen so genannten „Waschzettel" für die Journalisten bzw. die Fotografen vor, in dem die wichtigen Informationen über die Ferienspielen enthalten sind.

Die Durchführung der Ferienspiele klappte sehr gut, dank der sehr detaillierten Vorbereitung und der guten Teamzusammenarbeit. Wir trafen uns jeden Morgen eine Stunde bevor die ersten Kinder kamen um bei einem gemeinsamen Frühstück den Tagesablauf zu besprechen, die Aufgaben zu verteilen. Und anschließend die Räume soweit vorzubereiten, dass wir direkt mit den Bastelangeboten beginnen konnten.

Die Kinder nahmen die Angebote sehr gut an und ließen sich auf das Thema ein. Jedes Kind hatte jedoch andere Interessen und suchte sich daher die Angebote, die seinen Neigungen entsprach. Es kristallisierte sich sehr schnell heraus, welche Kinder mit Freude bei allem mitmachen würden und welche etwas schwieriger zu beschäftigen sein würden. Zwei Jungen, die die ältesten Teilnehmer waren hatten überhaupt keine Lust zu spielen oder zu basteln, sie waren sehr weit für ihr Alter und ihnen war alles zu kindisch. Für sie mussten wir gezielte Angebote machen, damit sie beschäftigt waren und nicht andere Kinder mit ihrer „Null-Bock-Einstellung" anstecken konnten. Deshalb fragten wir sie nach ihren Interessen und Neigungen um darauf eingehen zu können. Zusätzlich übertrugen wir ihnen einige Leiteraufgaben um ihr Selbstbewusstsein zu stärken und ihr Verantwortungsbewusstsein für andere zu schulen.

Das Programm erwies sich als praxistauglich, die Kinder waren sehr begeistert und durch die Vielseitigkeit der Angebote entstand keine Langeweile. Allerdings hatte ich im kreativen Bereich etwas zu viele Angebote geplant, denn einige Angebote waren zu zeitintensiv. Deshalb war es zeitlich nicht möglich, dass jedes Kind alle Bastelangebote wahrnimmt, nur die wenigsten waren so schnell. Ein weiterer Grund für den engen Zeitrahmen war, dass der Hauptamtliche die Morgenrunde immer sehr ausdehnte und auch bei anderen Aktivitäten selten die Uhr im Blick hatte. Man sollte zwar flexibel sein und keinen starren Zeitplan haben, um auf die Bedürfnisse der Kinder einzugehen, dennoch ist es wichtig dem Tagesablauf eine Struktur zu geben an der die Kinder sich orientieren können. Leider sind aufgrund der oben genannten Fehler einige Materialien übrig geblieben, das Geld hätte man einsparen können.

Die Organisation der Ferienspiele war sehr viel komplexer als ich im Vorfeld gedacht hatte. Hinter den vier Tagen steckten für mich vier Wochen Arbeit. Manchmal fühlte ich mich etwas allein gelassen und wenig beraten. Da Herr S. schon seit vielen Jahren nicht mehr im Kinderbereich gearbeitet hatte, musste er sich selbst erst wieder einfinden. Er überließ die meiste Arbeit mir, organisatorische und termingenaue Planung lagen ihm eher fern. Besonders schwierig wurde es bei Dingen, die ich als Praktikantin nicht X.mächtig entscheiden konnte, wie z.B. die Bestellung der Materialien oder des Essens. Sie wurden von dem Hauptamtlichen sehr lange aufgeschoben, so dass sie nicht mehr rechtzeitig zu Beginn der Ferienspiele erledigt worden wären. Für mich war diese

Situation nicht einfach, da ich „nur" in der Position der Praktikantin war, konnte ich nicht X.mächtig entscheiden, da er sich sonst übergangen gefühlt hätte. Da er aufgrund vieler Außentermine nicht ansprechbar war, bestellte ich schließlich unter Absprache mit Fr. J. die fehlenden Dinge. Sie war ein kompetenter Ansprechpartner für mich und unsere Arbeitseinstellungen waren eher konform. Abschließend lässt sich sagen, dass es für meine persönliche Entwicklung, besonders im Hinblick auf meine berufliche Zukunft, nur von Vorteil war, dass ich die Planung weitgehend X.ständig betreute. Auf diese Weise konnte ich viele Schlüsselqualifikationen erwerben und mir selbst und den Hauptamtlichen beweisen, dass ich den Anforderungen gewachsen bin. Allerdings war es zusätzlich zu meinen regulären Tagesaufgaben schon sehr viel Arbeit, einige Dinge habe ich noch nach Feierabend zu Hause erledigt. Trotzdem hat es mir viel Spaß gemacht und ich kann stolz auf das Ergebnis sein.

3.2 Die Kinder-Kreativ-Workshops

Während meines Praktikums startete die neue Veranstaltungsreihe der Kreativ-workshops für Kinder. Das Angebot richtet sich an Kinder im Alter von acht bis zwölf Jahren und ist im Bereich der vorstrukturierten Gruppenaktivitäten anzusiedeln. Der Workshop findet insgesamt vier Mal donnerstags statt und dauert jeweils 1 ½ Stunden. Teilnahmebedingungen sind die vorherige Anmeldung und die Entrichtung eines Entgeltes von fünf Euro, mit dem die Kosten für Material und Honorar gedeckt werden sollen. Die Teilnehmeranzahl ist auf zwölf Kinder begrenzt, da es das pädagogische Ziel der OT ist qualitative pädagogische Arbeit zu leisten. Die Mitarbeiter, zwei Praktikanten, ein Ehrenamtlicher und die Hauptamtliche, wollen sich intensiv mit einer kleinen Gruppe beschäftigen und viel mehr als eine Raumwärterfunktion einnehmen. Die Workshops unterscheiden sich von den Kindergruppen insofern, dass sie themenbezogen und kostenpflichtig sind, außerdem besteht keine feste Gruppe an Kindern.
In den Kreativ-Workshops sollen die Kinder die Möglichkeit haben neue Techniken zu erlernen, ihre Phantasie soll angeregt werden und ihr Selbstbewusstsein gestärkt werden, indem sie etwas X.es schaffen. Ebenso sollen sie ermutigt werden etwas Neues auszuprobieren. Die pädagogischen Fachkräfte nehmen hierbei eine unterstützende Funktion ein, sie zX. und erklären die neue Technik und ermutigen die Kinder, sich etwas X.es auszudenken und umzusetzen.

Sie stehen helfend zur Seite, sollten aber nicht eingreifen, wenn es nicht erforderlich ist und den Kindern nicht ihre X.en Ideen aufdrängen. Der Spaß sollte im Vordergrund stehen.

Es ist wichtig die einzelnen Workshopeinheiten zu planen, damit die Zeit gut eingeteilt ist, denn am Ende sollte ein fertiges Produkt stehen. Sonst hätten die Kinder und die Pädagogen kein Erfolgserlebnis.

Der erste Workshop stand unter dem Motto „Tiere aus Pappmachee". Dazu wird ein Rohkörper aus Maschendraht gebogen, anschließend mit Kleister und Zeitung verkleidet und zuletzt entsprechend bemalt. Es wurden Flyer für den Workshop gestaltet, die an die in der OT bereits bekannten Kinder verschickt wurden. In der lokalen Presse wurde der Workshop ebenfalls ausgeschrieben.

Meine Aufgabe bestand zunächst darin ein Modell zu erstellen, um eventuelle Schwierigkeiten zu erkennen, einen groben Zeitrahmen je Arbeitseinheit herauszuarbeiten, den Materialverbrauch hochrechnen zu können und um ein Anschauungsstück zu haben.

In der ersten Sitzung trafen wir uns zunächst im Sitzkreis, um eine kurze Vorstellungsrunde zu machen, damit sich jeder kennen lernt. Danach erklärten wir den Kindern das Thema genauer und erläuterten unsere Vorgehensweise. Wir zeigten das Anschauungsstück zur Verdeutlichung und als Motivation. Nun hatte jeder Zeit sich zu überlegen, welches Tier er gerne aus Pappmachee herstellen möchte. Wir berieten die Kinder dabei und erteilten Hilfestellung, um zu klären wie oder ob die Vorstellung in die Tat umgesetzt werden konnte. Die Kinder begannen ihren Rohkörper zu biegen. Sie mussten Maschendraht zurecht schneiden und sich entsprechende Drahtstücke als Verbindung abknipsen.

Beim zweiten Treffen wurden die Drahtkörper beendet. Wir prüften sie auf ihre Festigkeit und halfen bei Ausbesserungen. Die Kinder die bereits fertig waren konnten Zeitung in Stücke reißen und mit dem Kleistern beginnen. Den Kleister konnten die Kinder leider nicht selbst anrühren, da er eine Stunde lang quellen muss.

In der dritten Einheit sollten alle spätestens anfangen zu Kleistern und es auch beenden, damit es bis zum nächsten Mal trocknen und ein Anstrich erfolgen konnte. Die Kinder, die bereits fertig waren konnten den anderen, falls nötig, helfen.

Die letzte Sitzung wurde zum Anmalen der Kunstwerke genutzt. Sie wurden vorher von uns mit Vorstreichfarbe grundiert, da wir an meinem Anschauungsstück gemerkt haben, dass die Zeitung durchscheint. Außerdem wurde die Presse zu diesem Termin eingeladen.

Jede Sitzung wurde mit einem Sitzkreis begonnen, in dem die Anwesenheit geprüft wurde und wir erzählten was die Kinder heute erwartet. Die Kinder sollten jedes Mal mit uns gemeinsam aufräumen, dadurch übernahmen sie zum einen Verantwortung und lernen zum anderen, im übertragenen Sinne, dass sie die Konsequenzen für ihr X.es Handeln tragen müssen. Wir trafen uns zum Ende jedes Mal in einem Schlusskreis, um den Kindern die Möglichkeit zu bieten über das Erlebte zu sprechen und uns ein Feedback zu geben, damit wir unser weiteres Vorgehen auf ihre Bedürfnisse abstimmen konnten. Am Ende des letzten Treffens wünschten wir uns von den Kindern ein ausführlicheres Statement zu der Idee und der Durchführung des Workshops, sie sollten sagen was ihnen gut oder nicht gut gefallen hat. So übten die Kinder ein ihre Meinung, auch vor einer größeren Gruppe, zu äußern und zu begründen. Die Fähigkeiten zur Kommunikation wurden ausgebildet. Es entspricht dem demokratisch-kooperativen Erziehungsstil, Wünsche und Erwartungen der Kinder zu erfassen und darauf einzugehen, sie sollen an Entscheidungen beteiligt werden und mitbestimmen dürfen (vgl. Thiesen/Cornils, 1981, 33). Zum anderen erfahren wir was beim nächsten Workshop noch verbessern werden kann und können individuell auf die Bedürfnisse der Kinder eingehen.

Der Zeitplan der Workshopplanung konnte weitgehend eingehalten werden, es gab natürlich Abweichungen bei einzelnen Kindern, da ihre Projekte unterschiedlich waren. Ein Kind, das einen Drachen bastelt braucht natürlich wesentlich länger als ein Kind, das ein Kaninchen gewählt hat. Doch mit unserer Hilfe konnten alle Projekte rechtzeitig beendet werden und die Ergebnisse waren hervorragend, es übertraf unsere Erwartungen um ein Vielfaches.

Es war jedoch zu beobachten, dass besonders die Jüngsten Schwierigkeiten mit dem Biegen des Drahtgestells hatten, vielleicht müsste man die Altersgrenze etwas anheben.

Unsere Ziele haben wir erreicht, die Kinder hatten viel Spaß, sind nun mit der neuen Technik vertraut, haben ein X.es Kunstwerk erschaffen und Anerkennung dafür erhalten. In unserer Reflexion mit den Kindern, stellte sich heraus, dass sie

das neue Angebot sehr gut angenommen haben. Besonders die älteren Kinder, d.h. die über 10jährigen waren froh, dass es nun auch ein Angebot für ihre Altersgruppe in der OT gibt. Sie hoben hervor, dass es schön für sie sei vier Wochen an einen Projekt zu arbeiten um anschließend ein tolles Ergebnis X.er Anstrengungen in den Händen zu halten. Außerdem handelte es sich um eine Bastelarbeit, die für die Meisten neu war, es gefiel ihnen etwas Neues zu lernen. Nachdem der erste Workshop so gut angenommen worden war, plante ich mit Fr. J. diese Reihe fortzusetzen. Wir sammelten gemeinsam Ideen, welche Themen sich für ein vierwöchiges Workshopangebot eignen könnten. Dabei war es wichtig, dass die Themen vielseitig sind um verschiedene Sinnesbereiche der Kinder anzusprechen. Wir wollten ihnen zX., dass Kreativität und Mut etwas Neues auszuprobieren sich in jeden Lebensbereich transportieren lassen. Schließlich einigten wir uns darauf, dass der nächste Workshop unter dem Motto „Gesundes Kochen" stehen sollte. Die Ernährung der Kinder ist heutzutage mangelhaft, die wenigsten Eltern kochen eine ausgewogene Mahlzeit für sie und greifen vermehrt auf Fast Food oder Fertigprodukte zurück. In Kombination mit mangelnder Bewegung ist dies vielfach der Grund für Übergewicht. Die Kinder lernen die Grundtechniken des Kochens und erwerben gleichzeitig Wissen über gesunde Nahrungsmittel und Ernährung. Sie sollen entdecken, dass eine gesunde Mahlzeit auch gut schmecken kann und auch von ihnen selbst ohne viel Aufwand zubereitet werden kann.

Ich musste mir für die Vorbereitung des Workshops erst selbst ein gewisses Sachwissen erarbeiten, ich kenne mich zwar relativ gut mit Ernährung aus, doch bei Kindern, die noch im Wachstum sind gibt es andere Dinge zu beachten. In der Bücherei lieh ich mir Literatur zum Thema aus, unter anderem auch spezielle Kochbücher für Kinder. Ich suchte Rezepte aus, die sowohl den Ernährungsgrundsätzen entsprechen als auch optisch ansprechend für Kinder sind. Die Menüs sollten möglichst viele frische Zutaten enthalten und sehr vielseitig sein. Es sollte jedes Mal eine Vorspeise, ein Hauptgericht und ein Dessert geben. Für diesen Workshop hatten sich bereits 18 Kinder angemeldet, sie wurden in drei Gruppen aufgeteilt, jede Kleingruppe sollte einen Teil des Menüs betreuen. Wöchentlich sollte gewechselt werden, so dass am Ende jedes Kind ein Mal eine Vorspeise, eine Hauptspeise und eine Nachspeise gekocht hat. Die Rezepte werden in einem Kochbuch zusammengefasst, so kann jedes Kind die Menüs zu

Hause nachkochen. In dem Buch stehen auch einige Tipps zur Ernährung und Wissenswertes über Kräuter und Gewürze. Es ist abzusehen, dass das Team Vorspeise oder Nachspeise eher fertig ist. Damit sie sich nicht langweilen wird eine Gruppe die Möglichkeit haben ihr X.es Deckblatt für ihr Kochbuch zu gestalten während die andere Gruppe den Tisch für alle eindeckt. Dabei lernen sie Regeln des Tischdeckens: wo und wie das Besteck liegen muss, auf welcher Seite das Glas steht. Außerdem dekorieren wir den Tisch mit Kerzen und Servietten, sie probieren verschiedene Falttechniken aus und werden kreativ beim Schmücken des Tisches mit verschiedenen Dekomaterialien.

Es wird immer gemeinsam gegessen, die Kinder richten ihre Speise selbst auf Tellern an und servieren sie. Sie erklären abwechselnd den anderen Teams wie sie das Essen zubereitet haben, welche Zutaten man braucht und welche Tricks es gibt. Während des Essens beobachten wir die Kinder und geben ihnen Ratschläge zu richtigen Tischmanieren. Diese Kulturtechniken erlernt man im Laufe der Sozialisation, es ist jedoch zu beobachten, dass diese Verhaltensweisen bei vielen nur defizitär ausgebildet sind, da es kaum noch gemeinsame Mahlzeiten im Familienverbund gibt. Es ist wichtig, dass die Ergebnisse jeder Kleingruppe in der Gesamtgruppe zu einem Ganzen zusammengetragen werden. (vgl. Thiesen/Cornils, 1981, 36) Die Kinder werden in die Aufräumarbeiten miteinbezogen, sie sollen ihren Arbeitsplatz säubern und abwechselnd spülen. Beim letzten Mal wollen wir gemeinsam grillen um den Workshop ausklingen zu lassen und noch ein Mal über die Erfahrungen zu sprechen. Der emotionale Bereich soll gezielt angesprochen werden. Wir zX. den Kindern, dass es nicht immer ein Würstchen sein muss.

Die erste Workshopeinheit fand noch im Rahmen meines Praktikums stand, die restlichen Treffen betreute ich ehrenamtlich, um das Gesamtergebnis meiner Arbeit beurteilen zu können.

Der Kochworkshop war ein voller Erfolg, es zeigte sich, dass nur sehr wenige Kinder bisher Erfahrungen in diesem Bereich hatten. Sie waren sehr experimentierfreudig, probierten viele neue Lebensmittel und zeigten sich auch gegenüber Gemüse aufgeschlossen. Sie wunderten sich teilweise wie gut es schmecken kann, da sie es bisher noch nie probiert hatten. Das kindgerechte Anrichten der Gerichte, wie beispielsweise bei dem „Toastfisch mit Gemüseschuppen", machte den Kindern Spaß und diese optisch ansprechende

Form erleichterte ihnen die Annäherung an gesundes Essen. Sie haben sehr viel Sachwissen erworben und sind nun auch selbstständig in der Lage es in die Praxis umzusetzen. Wir haben bei ihnen die Freude am Kochen geweckt und ich bin mir sicher, dass sie diese auch mit in ihre Familien tragen werden. Das Feedback der Kinder fiel durchweg positiv aus, sie erkundigten sich zu großen Teilen nach dem nächsten Kochworkshop. Die Eltern gaben uns ebenfalls eine positive Rückmeldung.

Verbessern müssen wir beim nächsten Mal sicher unser Zeitmanagement, wir haben es leider nie geschafft am Ende mit allen Kindern gemeinsam aufzuräumen. Die Zeit von 1 ½ Stunden war definitiv zu knapp bemessen. Die verschiedenen Teile des Menüs hatten eine sehr unterschiedliche Zubereitungszeit, deshalb waren einige Gruppen schon viel früher fertig als andere. Doch durch Aufgaben wie das Decken des Tisches und das Gestalten des Kochbuches, waren sie beschäftigt. Die Kinder konnten auch ihre Arbeitsplätze säubern und zwischendurch spülen, so waren sie zumindest zwischendurch in den Aufräumprozess mit eingebunden.

Die Anzahl von 18 Kindern war für einen Kochkurs etwas zu groß, es waren 6 Kinder in jeder Gruppe und zeitweise wurden die Kinder ungeduldig, da nicht alle von ihnen gleichzeitig beschäftigt werden konnten. Die Kinder mussten sich in Geduld üben und als sie sich darauf einstellten klappte es gut. Obwohl unsere Küche sehr groß ist und es zwei Herdstellen gibt wurde es zeitweise etwas hektisch und der Geräuschpegel war sehr hoch. Doch die Gruppe die den Herd nicht benötigte wich in einen anderen Raum aus, was die Situation entschärfte. Es hat sich gezeigt, wie wichtig es ist flexibel zu reagieren und auf die Bedürfnisse der Kinder einzugehen.

Die Teamarbeit war beim ersten Mal etwas unkoordiniert, da wir vorher keine Zeit hatten die verschiedenen Gerichte und die Vorgehensweise zu besprechen. Daniel und Ahmet waren im Kochen weitgehend unerfahren und hatten Schwierigkeiten mit den Rezepten. Das hatte zur Folge, dass die einzelnen Teams zwischendurch öfter etwas bei mir nachfragen mussten und die Kinder deshalb zu lange warten mussten. Wir trafen uns beim nächsten Mal früher und ich sprach alles mit ihnen ab.

Insgesamt war es ein positives Erlebnis für mich und alles hat gut funktioniert.

3.3 Die Mädchengruppe

Montags in der Zeit von 16 – 18 Uhr findet unter Anleitung von Gerd S. eine Mädchengruppe statt, die Mädchen sind zwischen 14 und 16 Jahren alt. Als ich zum ersten Mal teilnahm bestand sie nur noch aus drei Mädchen, da es einen Streit zwischen ihnen und den anderen gab. Die Gruppe zeichnet sich durch eine sehr unregelmäßige Struktur aus, die Jugendlichen kommen unpünktlich zu der Gruppenstunde, wenn sie überhaupt kommen. Eines der Mädchen bringt häufig ihren Freund und einen Kollegen mit, obwohl die anderen es nicht wollen und es sich um eine reine Mädchengruppe handelt. Sie halten sich nicht an Absprachen und haben selten Lust inhaltlich zu Arbeiten. Sie nehmen Herrn S. nicht als Autorität wahr. Er bemüht sich sehr um eine freundschaftliche Beziehung zu den Mädchen und es ist ihm gelungen eine Vertrauensbasis zu schaffen. Die Mädchen hegen für ihn eine große Sympathie.

Leider kommt Herr S. selbst nicht pünktlich zu den Gruppenstunden und er ist nicht immer vorbereitet. Das führt dazu, dass sich diese Haltung auf die Jugendlichen überträgt. Ein Jugendgruppenleiter muss lenkend und systematisch planend vorgehen. Die Motivation, Arbeitshaltung und das soziale Klima in der Gruppe werden stark durch die Vorbildfunktion des Leiters bestimmt (Thiesen/ Cornils, 1981, 44).

Herr S. bat mich hinzu, da er glaubte, dass ich als Frau vielleicht einen besseren Zugang zu den Mädchen finden würde und die immer wieder auftauchen Konflikte schlichten könnte. Die Mädchen haben die Möglichkeit mit mir über Probleme zu reden, die sie lieber mit einer Frau besprechen wollen. Ich hatte den Vorsatz eine geeignete Struktur für die Mädchengruppe einzuführen und orientieren können.

Beim ersten Mal versuchte ich mir einen Überblick über die Gruppendynamik zu machen und die Mädchen näher kennen zu lernen. In Gesprächen versuchte ich ihre Interessen herauszufiltern um das Angebot für die nächste Stunde auf ihre Bedürfnisse abzustimmen. Ich wollte eine Vertrauensbasis zu ihnen aufbauen. Dazu eignete sich diese Stunde sehr gut, Herr S. hatte eine gemütliche Atmosphäre mit Kerzen, Knabbereien und Tee geschaffen. Zur Feier des Valentinstages hatte er eine Rose für jedes Mädchen besorgt. Er wollte gemeinsam mit den Mädchen ihre Träume zu deuten und diese anschließend zu malen.

J. ist 16 Jahre alt. Sie besucht die Gesamtschule und möchte danach eine Ausbildung machen. Sie ist sehr selbstbewusst, hat ein großes Durchsetzungs-vermögen und übernimmt die Führungsposition in der Gruppe. Hauptsächlich wegen ihr ist die Mädchengruppe auseinander gebrochen, da sie einen Streit angefangen hat. Sie möchte gern über andere bestimmen und ihren Kopf durchsetzen. Die anderen bewundern sie wegen ihres guten Aussehens. Sie ist die Einzige von ihnen, die einen Freund und bereits sexuelle Erfahrungen hat. Der Ranghöchste der Gruppe ist gewöhnlich, derjenige mit dem die Mitglieder sich am besten identifizieren können, da er ihrem Ich-Ideal entgegenkommt, d.h. er ist so wie sie die anderen wünschen zu sein (vgl.Thiesen/Cornils, 1981, 37).

L. ist 15 Jahre alt. Sie ist den anderen intellektuell überlegen, versucht dies allerdings in Gesprächen zu verstecken. Bis vor kurzem besuchte sie noch das Gymnasium, musste jedoch auf die Gesamtschule wechseln und passt sich vor allem sprachlich ihrem Umfeld an. Sie ist übergewichtig und versucht ihre daraus resultierendes Unsicherheit mit einer lauten Art zu überspielen. Aufgrund ihres Gewichtes wird sie manchmal von den anderen zum Sündenbock gemacht. Eine Hauptrolle dabei spielt J.s Freund G.. Die beiden verstehen sich nicht besonders gut und deshalb hetzt er die anderen gegen L. auf. Durch die Schaffung eines Sündenbocks kann der Zusammenhalt der Gruppe gefestigt werden (ebd., 38). Allerdings glaube ich, dass in dieser Konstellation eher das Gegenteil der Fall ist, da die Gruppe bereits sehr instabil ist, droht sie, besonders durch den Eingriff von Nichtmitgliedern, zu zerbrechen.

V. ist mit 13 Jahren die jüngste der Gruppe. Sie ist für ihr Alter, zumindest oberflächlich betrachtet, weit entwickelt, was darin zu begründen ist, dass sie vorwiegend Kontakt zu wesentlich Älteren hat und diese imitiert. J. ist ihr Vorbild, sie wohnen nebeneinander und kennen sich bereits viele Jahre. Sie stimmt ihr in Diskussionen zu. Sie kann als Mitläufer charakterisiert werden, die den älteren Freunden gefallen möchte. Sie kommt aus einem schwierigen Elternhaus, ihre Mutter ist allein erziehend. V. hat große Probleme mit dem neuen Lebensgefährten ihrer Mutter, der bei ihnen wohnt. Es kommt daher häufig zu innerhäuslichen Konflikten. Deshalb sucht sie Rückhalt im Kreise der Freunde In der nächsten Stunde bastelte ich mit den Mädchen Collagen, die die verschiedenen Facetten ihrer Persönlichkeiten widerspiegeln sollten. Auf diese Art konnte ich die Mädchen noch besser kennen lernen und es regte auch die

Kommunikation untereinander an. Sie sollten am Ende ihre Collagen vorstellen und die verschiedenen Elemente erläutern. In der Pubertät haben viele Jugendliche Identitätsprobleme, sie suchen Antworten auf die Fragen:

- Wer bin ich? Und wer akzeptiert mich?
- Wo ist mein Standort?
- Wer teilt meine Wertesysteme?
- Stimmen mein Selbstbild und das Fremdbild überein?

(vgl. Thiesen/Cornils, 1981, 24)

Diese Fragen können sie sich selbst und gegenseitig anhand der Collagen beantworten, es nimmt ihnen Unsicherheit und öffnet sie vielleicht wieder mehr füreinander.

Dazu brachte ich einen großen Stapel Frauen- und Mädchenzeitschriften mit und legte Pappe, Stifte, Scheren und Kleber zurecht.

Die Mädchen kamen wieder zu spät zur Mädchengruppe und brachten G. und einen Freund mit. Ich ermahnte sie zur Pünktlichkeit und sagte, dass ich mich auf sie verlassen können müsse, denn das Gleiche könnten sie auch von mir erwarten. L. war nicht dabei, J. erklärte mir sie würde nicht kommen, da G. sie als „fette Sau" beschimpft und ihr Prügel angedroht habe. G. stritt dies allerdings ab und sagte es sei von jemandem falsch weiter erzählt worden. Ich bat ihn L. anzurufen um dieses Missverständnis aus der Welt zu räumen, sie ließ sich jedoch nicht überzeugen doch noch zu kommen. Ich besprach mit den Jungs, dass sie nun gehen müssten, da es sich um eine Mädchengruppe handle. Sie könnten leider nur noch kommen, wenn sie explizit eingeladen seien, weil es für die Mädchen wichtig sei zwei Stunden in der Woche etwas allein zu machen. Den Mädchen erklärte ich, dass sie zusammenzuhalten müssen, da Freundschaft unersetzlich sei und ermunterte sie dazu auch mit L. ein klärendes Gespräch zu führen.

Schließlich konnten wir uns endlich den Collagen widmen, die Mädchen waren von dem Angebot sehr begeistert. Meine gewünschten Ziele wurden erreicht, es wäre jedoch effektiver gewesen, wenn alle da gewesen wären.

In der nächsten Woche sollte ich die Mädchengruppe wieder allein betreuen, da Herr B. an einer Fortbildung teilnahm. Ich schlug den Mädchen vor zu batiken, dazu sollten sie weiße Kleidung mitbringen. Ich besorgte die restlichen Materialien und legte sie bereit. Als die Mädchen, diesmal pünktlich, zur Gruppenstunde erschienen hatten sie keine Kleidung dabei, weil sie es vergessen

hatten. Ich war sauer, da es wieder ein Beweis für ihre Unzuverlässigkeit war und ich alles umsonst vorbereitet hatte. Stattdessen gingen wir einkaufen um gemeinsam etwas zu kochen. Beim Kochen und dem anschließenden Spülen wollten die Mädchen sich mehrfach der Verantwortung entziehen und ich musste sie zur Mitarbeit anspornen. Ich hatte das Gefühl sie waren nur gekommen um eine warme Mahlzeit zu bekommen.

Meiner Meinung nach ist es nicht sinnvoll diese Gruppe weiter fortzusetzen. Sie erfüllt nicht die Mindestgruppenstärke und den Mitgliedern fehlt oft die Bereitschaft inhaltlich oder thematisch zu arbeiten. Den Mädchen muss bewusst gemacht werden, dass ihr Verständnis von Gruppenarbeit nicht richtig ist und dass sie sich an Absprachen halten müssen. Versuche neue Mädchen für die Gruppe zu gewinnen scheitern, da sie von den bisherigen Mitgliedern nicht akzeptiert werden.

Die einzige Möglichkeit, die ich sehe, ist eine Ausschreibung in der Presse und Werbung an den Schulen. Man könnte dort mit einem gezielten auf die Bedürfnisse von Mädchen dieses Alters abgestimmten Programm werben. Mit der Lektüre von entsprechender Fachliteratur, einer empirischen Befragung oder mithilfe narrativer Interviews der Zielgruppe, kann man die Interessen dieser erfahren.

4. Schlussbetrachtung

Das Praktikum hat sehr zu meiner persönlichen Weiterentwicklung beigetragen, ich bin über meine bisherigen Fähigkeiten hinausgewachsen, da mir viel Verantwortung übertragen wurde. Ich habe einen sehr umfassenden Einblick in die Arbeit einer offenen Kinder- und Jugendeinrichtung bekommen und dadurch einiges gelernt, das ich in meiner weiteren beruflichen Laufbahn anwenden kann. Besonders gefallen hat mir die Vielseitigkeit der Arbeit, ich musste mich immer wieder auf eine neue Zielgruppe einstellen, da das Klientel der Einrichtung altersmäßig stark variiert. Die mir anvertrauten Aufgaben beinhalteten Öffentlichkeitsarbeit, Organisation, Verwaltung, Beratung, Planung, offene Jugendarbeit, vorstrukturierte Gruppenarbeit mit Kindern- und Jugendlichen, gemeindepädagogische Arbeit und Veranstaltungsplanung- und durchführung. Ich wurde als gleichwertiges Mitglied des Teams betrachtet und meine Arbeit fand großen Zuspruch. Ich habe mich in der Einrichtung sehr wohl gefühlt und bin seit dem Praktikum dort als Honorarkraft und als Ehrenamtliche beschäftigt. Ich

konnte große Unterschiede zu der Arbeit in der städtischen Einrichtung in der ich zuvor gearbeitet habe feststellen. Es wurde viel Wert auf regelmäßige Reflexion gelegt, dies trägt dazu bei, dass man sich immer weiter entwickelt. Außerdem finden regelmäßige Mitarbeiterschulungen für Ehrenamtliche statt, bei denen man Neues dazu lernt, die Möglichkeit hat sich mit anderen Einrichtungen des Verbandes auszutauschen und gemeinsame Aktionen zu planen. Es fördert zudem den Zusammenhalt des Teams, der für eine erfolgreiche Zusammenarbeit unerlässlich ist. Das Praktikum hat mich erneut in meiner Berufswahl bestätigt. Ich hatte das Gefühl und auch die Bestätigung, durch die Reaktionen der Kinder und Jugendlichen sowie der anderen Mitarbeiter, dass dieses Beruffeld meinen Neigungen und meinen Fähigkeiten genau entspricht. Ich habe aber auch gemerkt, dass mich mein Studium wenig auf die Praxis vorbereitet hat. Es war von Vorteil, dass ich nebenbei immer in diesem Bereich gearbeitet habe und dadurch Erfahrungen sammeln konnte. Die Wichtigkeit der Schlüsselqualifikationen, die von Professoren immer wieder hervorgehoben wird, hat sich bestätigt.

Die Institution ist durchaus ein Arbeitsfeld für Diplom Pädagogen. Sozialarbeiter sind jedoch wahrscheinlich besser geeignet für die Arbeit im offenen Kinder- und Jugendbereich, ihr Studium eher darauf ausgerichtet, da es auch verwaltungs-technische und rechtliche Grundlagen beinhaltet. Unsere Studieninhalte sind eher wissenschaftlich orientiert. Hinzu kommt der Kostenfaktor für den jeweiligen Träger der Einrichtung, da das Gehalt von Diplom Pädagogen meist höher angesiedelt ist als das von Sozialarbeitern. Meiner Meinung nach wird die Qualifikation für eine solche Arbeit maßgeblich von den praktischen Erfahrungen bestimmt.

Der interkulturelle Bezug während meines Praktikums ist als gering zu betrachten. Der Jugendbereich wird zwar hauptsächlich von muslimischen, männlichen Jugendlichen frequentiert, sie bleiben jedoch meist unter sich. Es kommen höchstens noch zwei bis drei deutsche Mädchen hinzu. Die Neuankunft von anderen Jugendlichen wird durch die Cliquenorientierung erschwert. Versuche meinerseits integrativ oder inhaltlich mit ihnen zu arbeiten scheiterten, da sie die OT lediglich als kostengünstige Alternative zu einer Kneipe sehen. Sie wollen Billard spielen, kickern und sich miteinander unterhalten. Im offenen Treff habe ich häufig ein Gespräch mit den Jugendlichen gesucht, die männlichen Besucher

waren daran aber weitgehend nicht interessiert. Die männlichen Mitarbeiter hatten bei ihnen einfacher. Ich fand einen guten Zugang zu dem weiblichen Klientel, welches sich bisher dort niemandem anvertraut hatte. Ich merkte, dass besonders die Aufklärung unter den Mädchen defizitär war. Sie hatten Redebedarf zu diesem Thema und waren froh in mir einen Ansprechpartner zu haben, vor dem sie sich nicht genieren mussten und der ihnen offen Rede und Antwort stand. Ein Mädchen begleitete ich auf ihren Wunsch hin sogar zum Gynäkologen, sie hatte Angst vor einer eventuellen Schwangerschaft. Ich war froh über das Vertrauen, das sie mir nach so kurzer Zeit schenkte.

Das Praktikum hat bei mir die Frage aufgeworfen, ob es für mich nicht sinnvoller gewesen wäre Soziale Arbeit zu studieren, da dieser Studiengang mich auf das Tätigkeitsfeld, welches am ehesten meinen Neigungen entspricht, besser vorbereitet hätte. Konsequenzen wirft diese Frage für mein Studium nicht mehr auf, da ich mich bereits in der Endphase meines Studiums befinde und durch meine Nebenbeschäftigen bereits genügend Schlüsselqualifikationen gesammelt habe.

Literaturverzeichnis

Binschus, Wolfgang / Bringewat, Peter / Ettl, Hans-Peter u.a.: „§ 11
Jugendarbeit" In: Kinder- und Jugendhilfe. Lehr- und Praxiskommentar (LPG-
SGB 8). *Nomos Verlagsgesellschaft, Baden Baden 2003*

Boristowski, Dieter / Erdmann, Wulf / Fromme, Johannes / Möller, Berith:
Themen der Kinder und Jugendlichen und Ziele in der offenen Jugendarbeit. In:
Deinet, Ulrich / Sturzenhecker, Benedikt (Hrsg.): Handbuch offene Jugendarbeit.
Votum Verlag, Münster 1998

Münchmeier, Richard: Was ist offene Jugendarbeit? Eine Standortbestimmung.
In: Deinet, Ulrich / Sturzenhecker, Benedikt (Hrsg.): Handbuch offene
Jugendarbeit. *Votum Verlag, Münster 1998*

Thiesen, Peter / Cornils, Volker: Handbuch Jugendarbeit. *Bardtenschlager
Verlag, München 1981*

Wikipedia: „Gruppendynamik". *http://de.wikipedia.org/wiki/gruppendynamik*
[gefunden am: 11.03.2006)

Lightning Source UK Ltd.
Milton Keynes UK
UKOW04f2052101214

242974UK00001B/168/P